Made in the USA
Las Vegas, NV
18 February 2022

44176488R00070